# ARCHITECTURE ITALIENNE

ou

# PALAIS, MAISONS,

et

AUTRES ÉDIFICES DE L'ITALIE MODERNE,

DESSINÉS ET PUBLIÉS

Par F. CALLET et J.-B. LESUEUR,

ARCHITECTES,

ANCIENS PENSIONNAIRES DE L'ACADÉMIE DE FRANCE A ROME.

---

LIVRAISON.

PRIX DE CHAQUE LIVRAISON POUR PARIS :

Gravée au trait, { sur papier de France.......... 6 francs.
{ sur papier de Hollande.......... 10

Il paraît une Livraison de six semaines en six semaines.

ON SOUSCRIT A PARIS,

Chez MM. { CALLET, Architecte, rue de la Pépinière, N° 53 ;
{ LESUEUR, Architecte, rue des Trois-Frères, N° 3.

M. DCCC. XXVII.

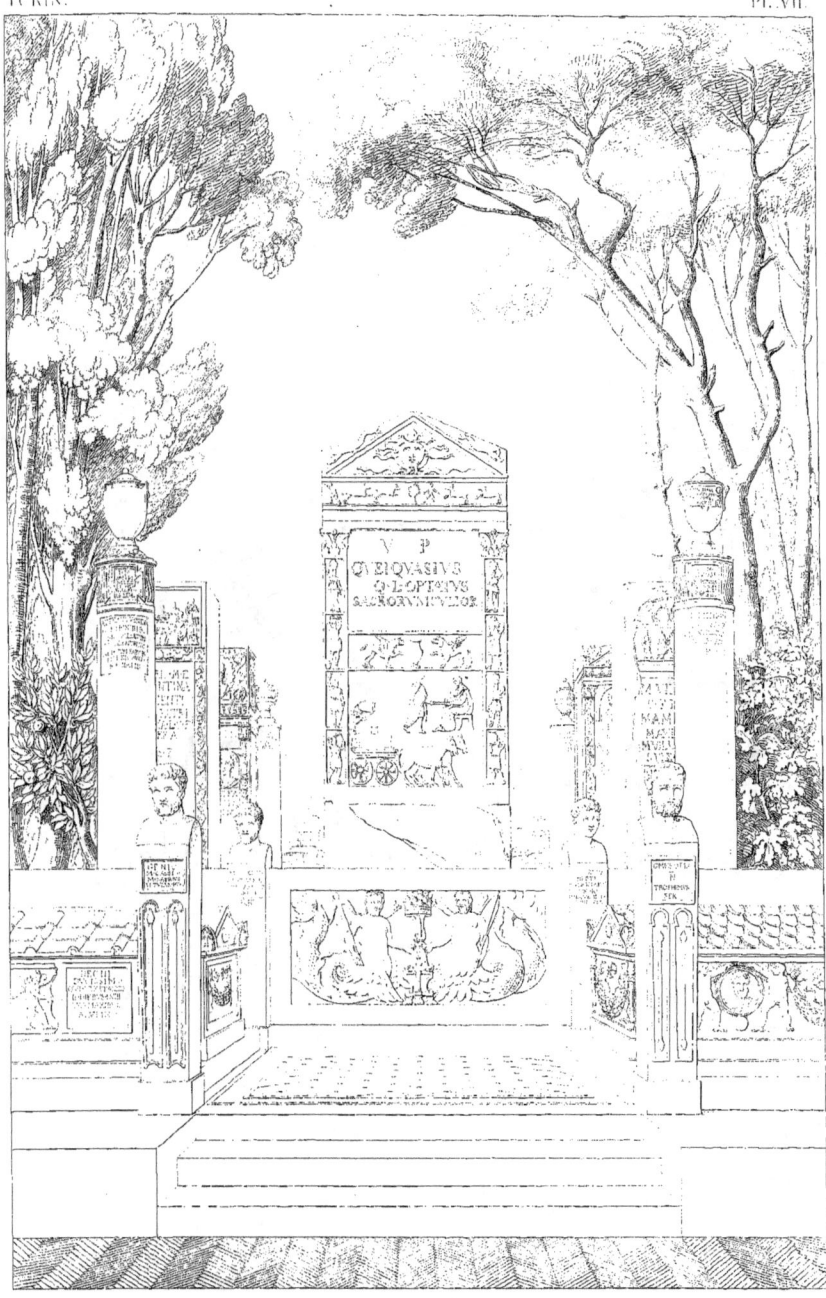

TOMBEAUX ET FRAGMENS ANTIQUES TIRÉS DE LA COUR DU PALAIS DE L'UNIVERSITÉ.

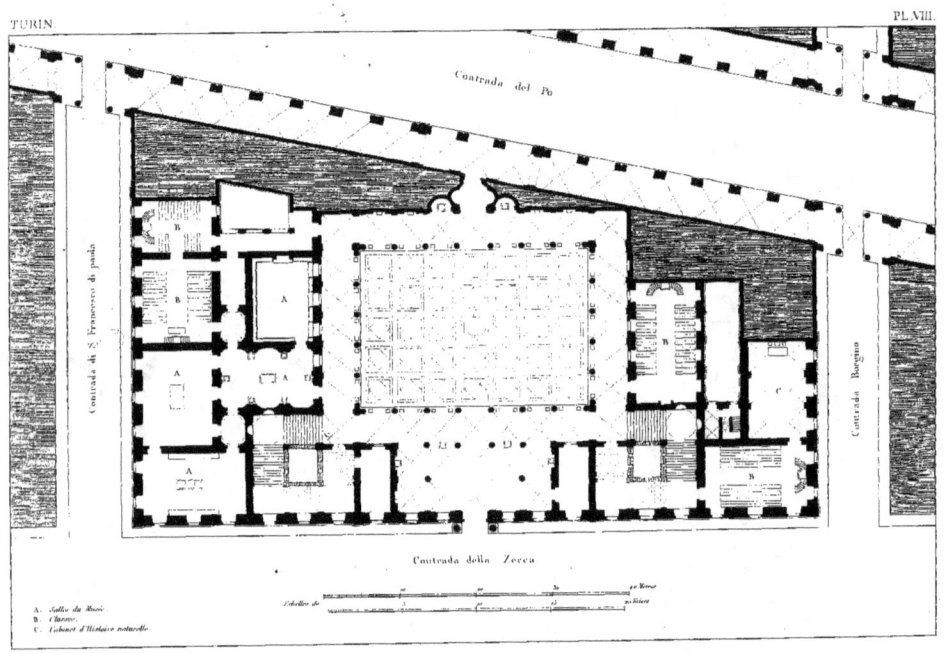

VUE DE LA COUR DU PALAIS DE L'UNIVERSITÉ.

TURIN. PALAIS MORANA. PL. X.

MAISON PARTICULIERE

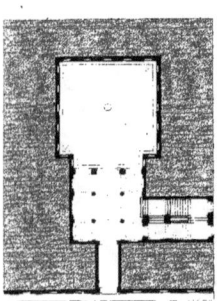

Contrada dei Ambasciadori

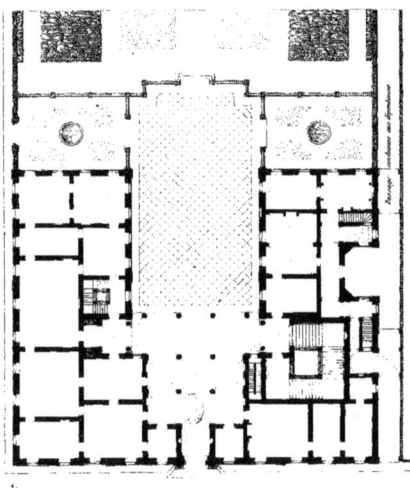

Contrada dell'Ospedale

MAISON PARTICULIERE

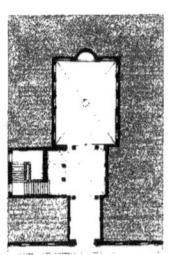

Contrada dei Ambasciadori

PALAIS CORTAS

MAISON DE COMMERCE

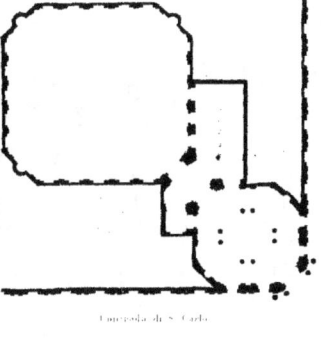

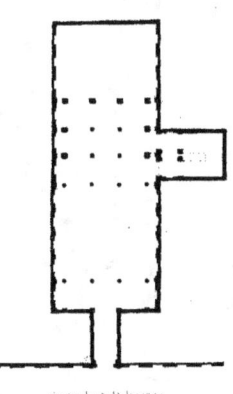

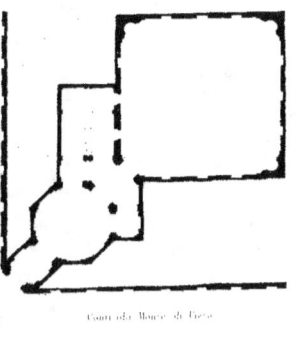

Contrada di S. Carlo

Contrada S. Dalmazzo

Conti della Banca di Tizio

TURIN                                             Pl. XII

PETIT PALAIS                PALAIS GRANERI                VESTIBULE DU PALAIS BAROLO

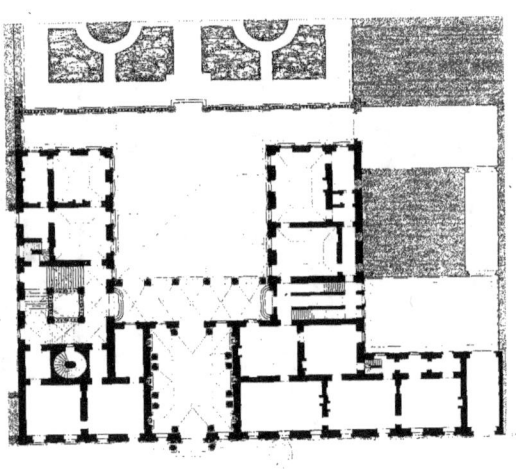

Contrada del Archivescovado      Contrada Beggino       Contrada delle Orfanelle

TURIN PL. XIII.

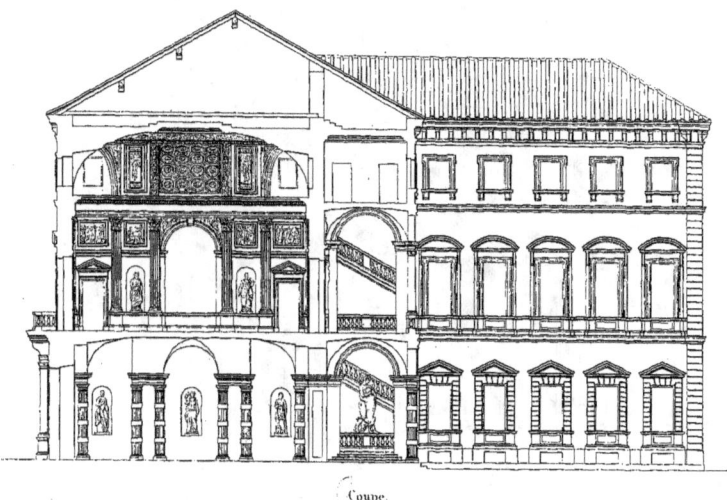

Coupe.

## PALAIS GRANERI
Contrada Boggino.

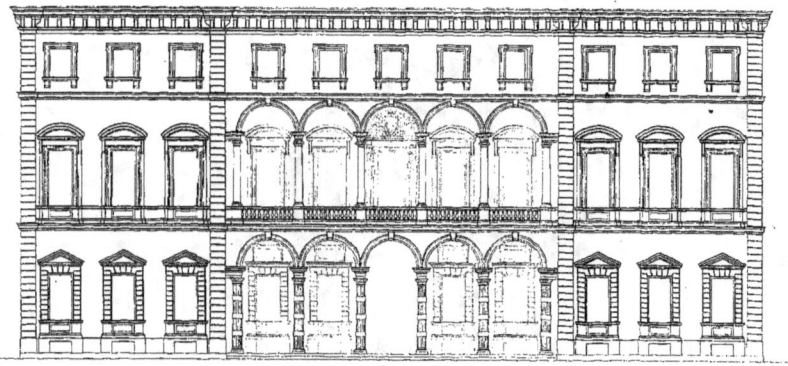

Élévation côté du Jardin.

TURIN. PL. XIV.

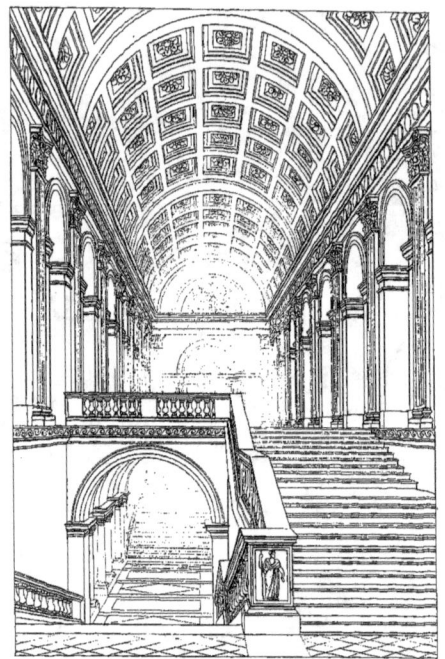

Vue de l'Escalier

PALAIS MADAME

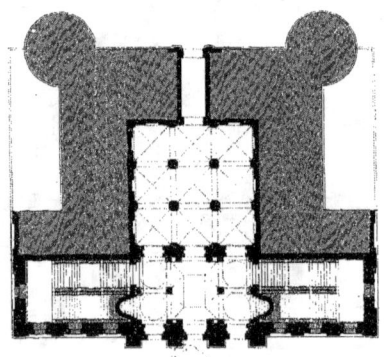

Place Castello

TURIN                                                                PL. XV.

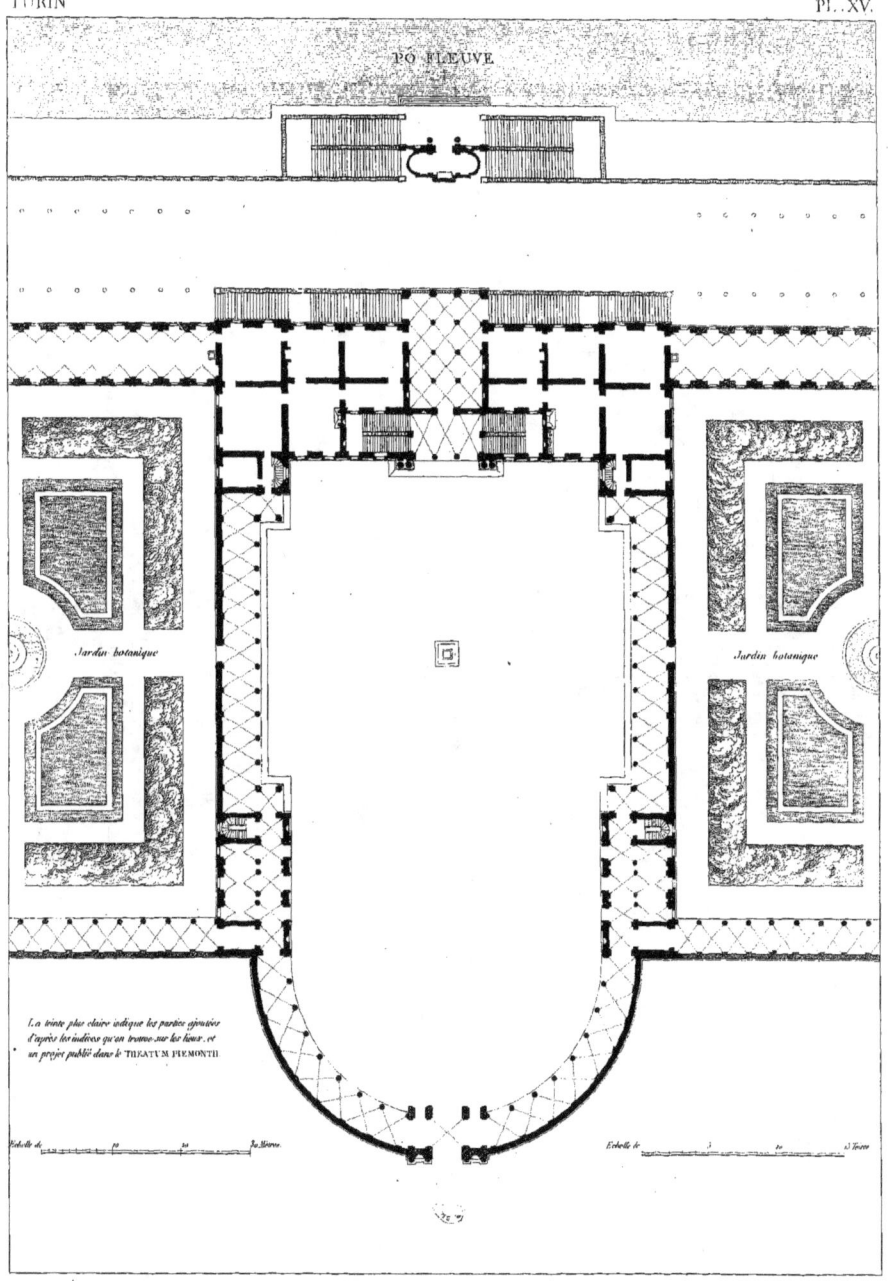

PLAN GÉNÉRAL DU VALENTIN.
Maison de Campagne sur les bords du Pô.

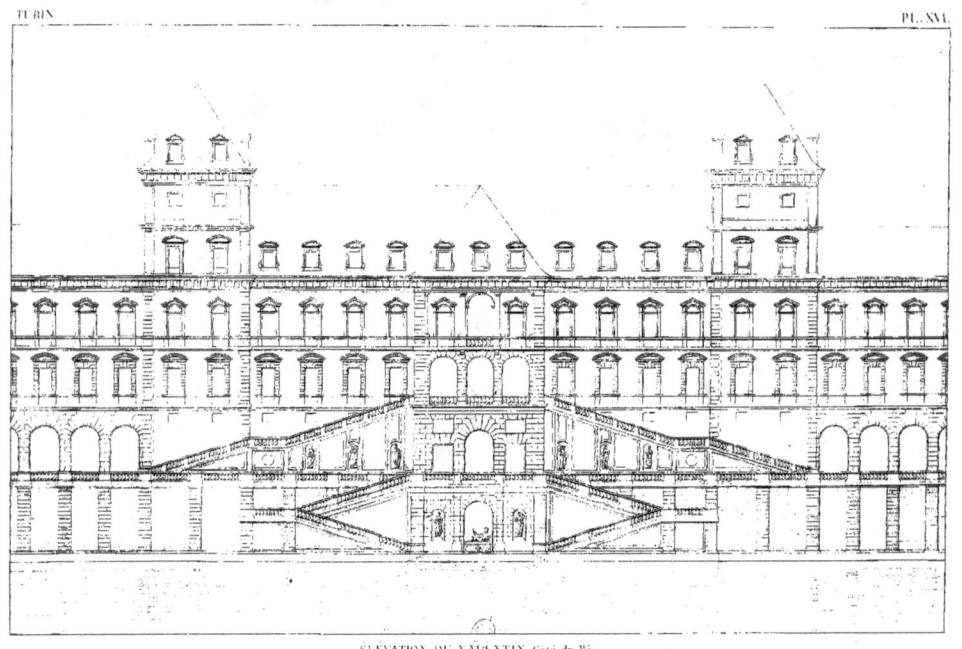

ÉLÉVATION DU VALENTIN Coté du Pô.

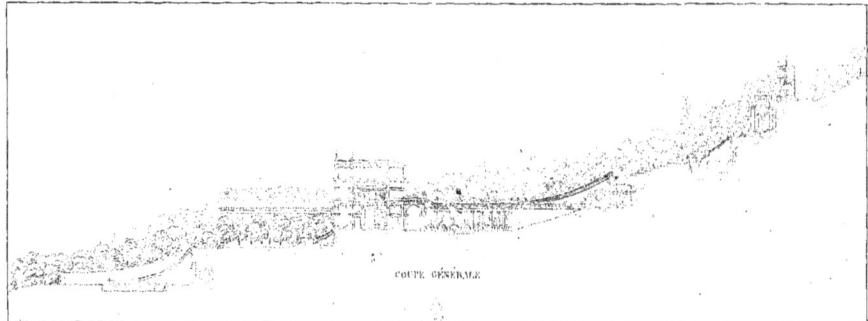

VIGNA DELLA REGINA.
Maison de Campagne sur les bords du Pô.

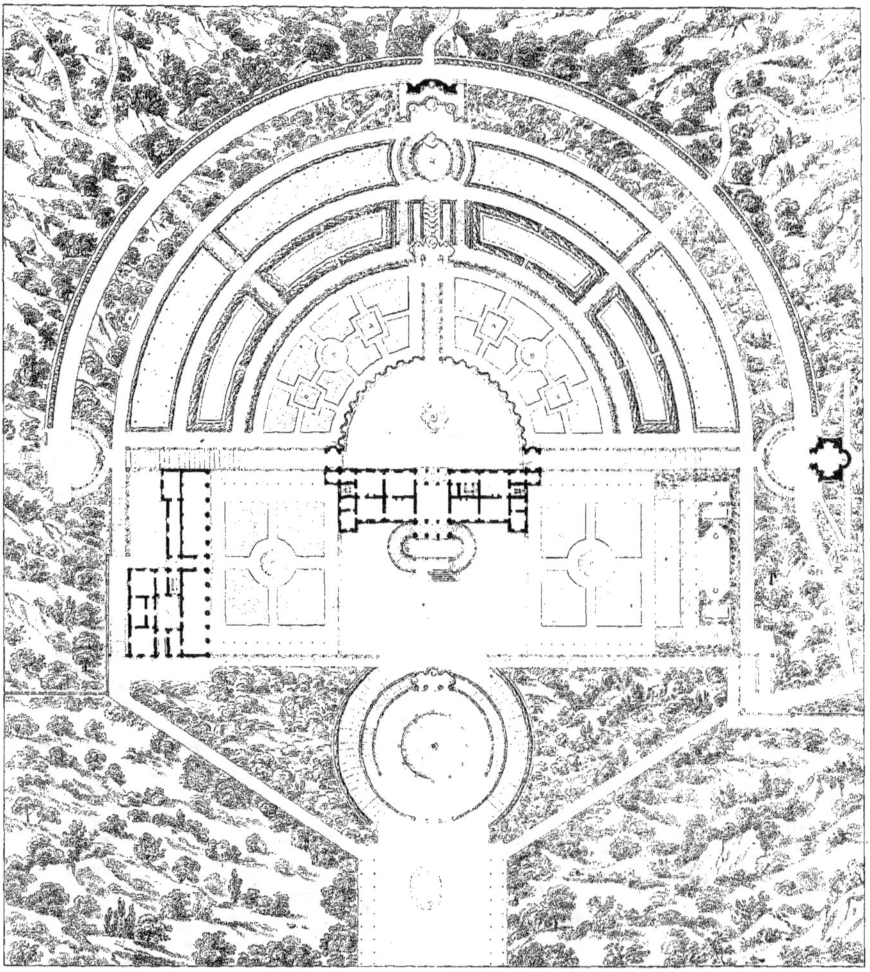

TURIN. PL. XVIII.

VIGNA DELLA REGINA.
Maison de Campagne sur les bords du Pô.

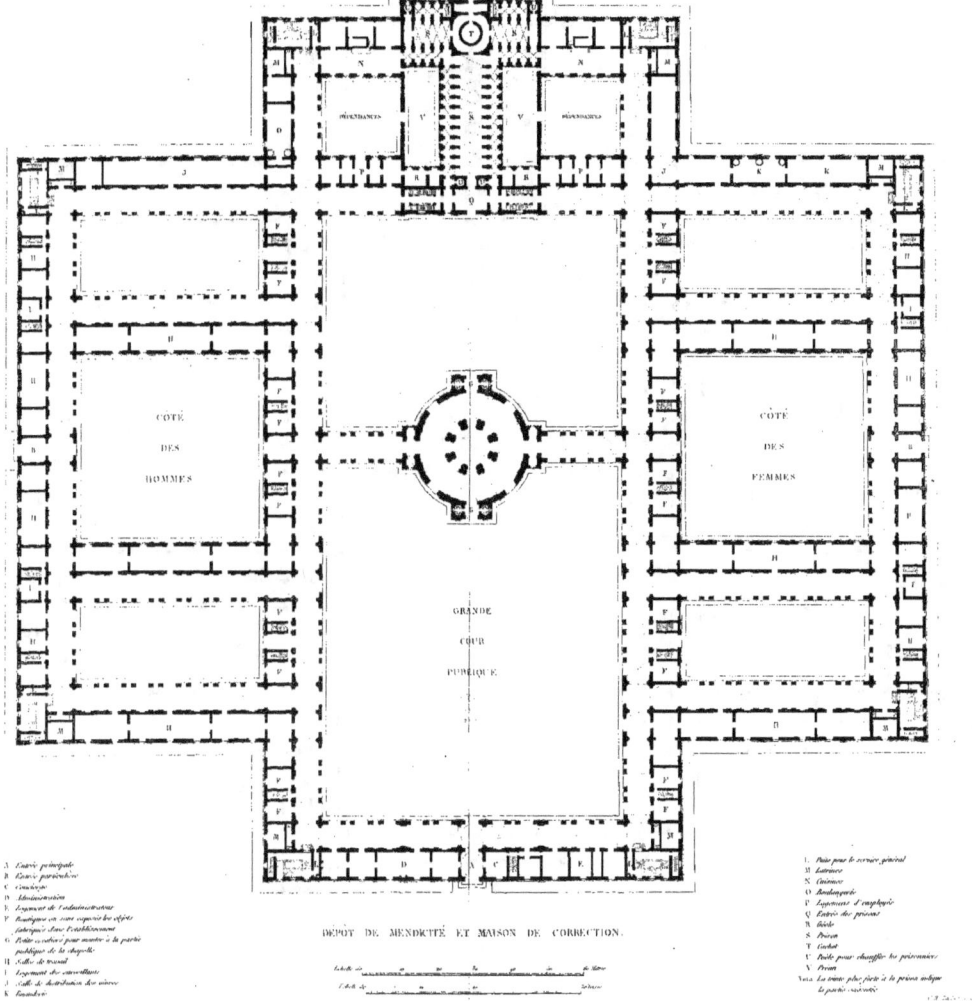

DÉPÔT DE MENDICITÉ ET MAISON DE CORRECTION.

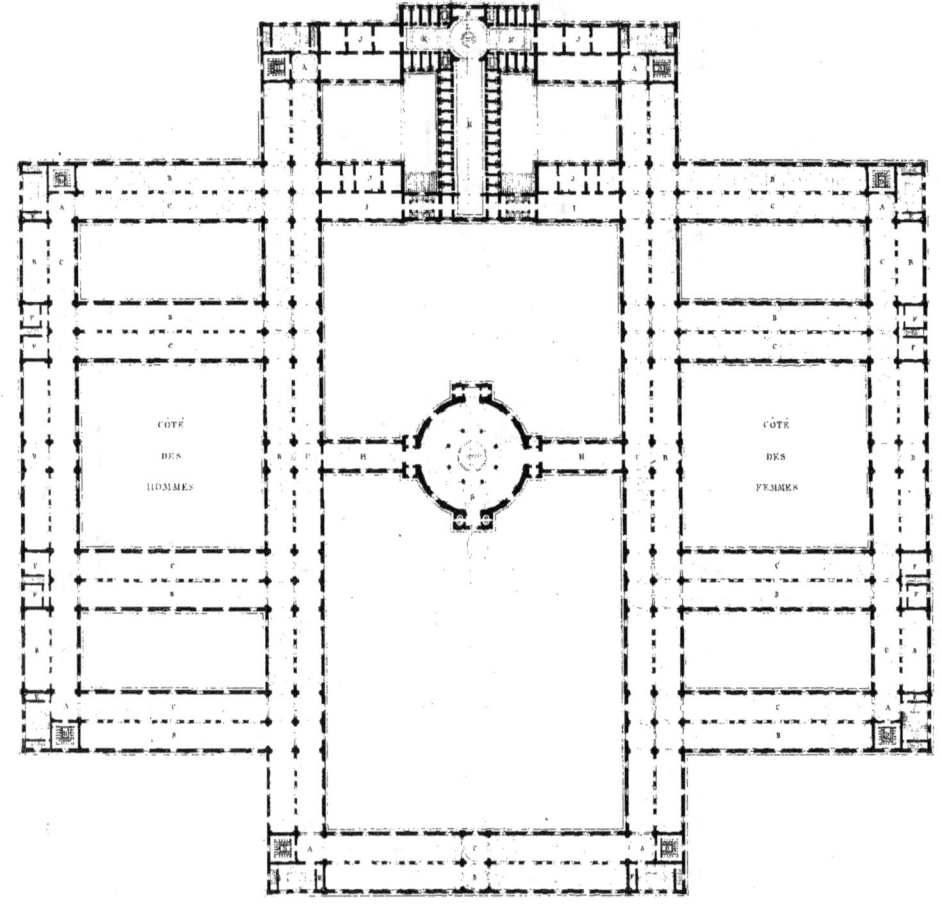

MILAN. DÉPÔT DE MENDICITÉ ET MAISON DE CORRECTION. PL. XXXIII.

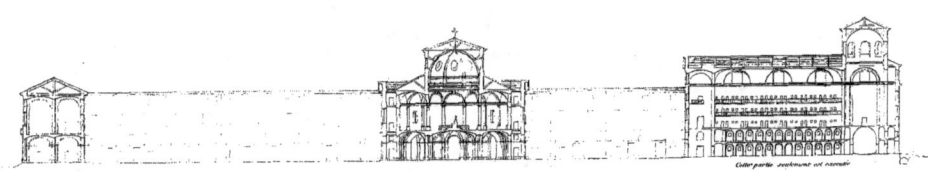

COUPE GÉNÉRALE.

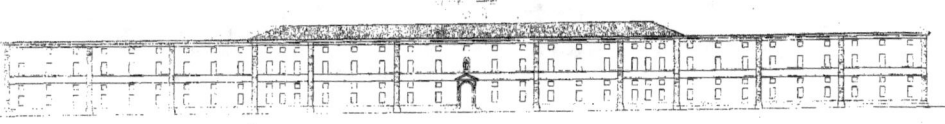

ÉLÉVATION CÔTÉ DE L'ENTRÉE.

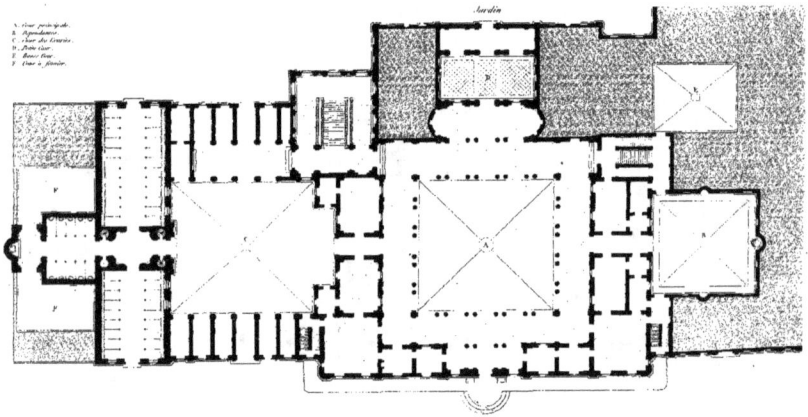

# ARCHITECTURE ITALIENNE

ou

# PALAIS, MAISONS,

et

AUTRES ÉDIFICES DE L'ITALIE MODERNE,

DESSINÉS ET PUBLIÉS

Par F. CALLET et J.-B. LESUEUR,

ARCHITECTES,

ANCIENS PENSIONNAIRES DE L'ACADÉMIE DE FRANCE A ROME.

*Turin*

5ᵉ LIVRAISON.

PRIX DE CHAQUE LIVRAISON POUR PARIS:

Gravée au trait, { sur papier de France......... 6 francs.
{ sur papier de Hollande......... 10

Il paraît une Livraison de six semaines en six semaines.

ON SOUSCRIT A PARIS,

Chez MM. { CALLET, Architecte, rue de la Pépinière, N° 53;
{ LESUEUR, Architecte, rue des Trois-Frères, N° 3.

M. DCCC. XXVII.

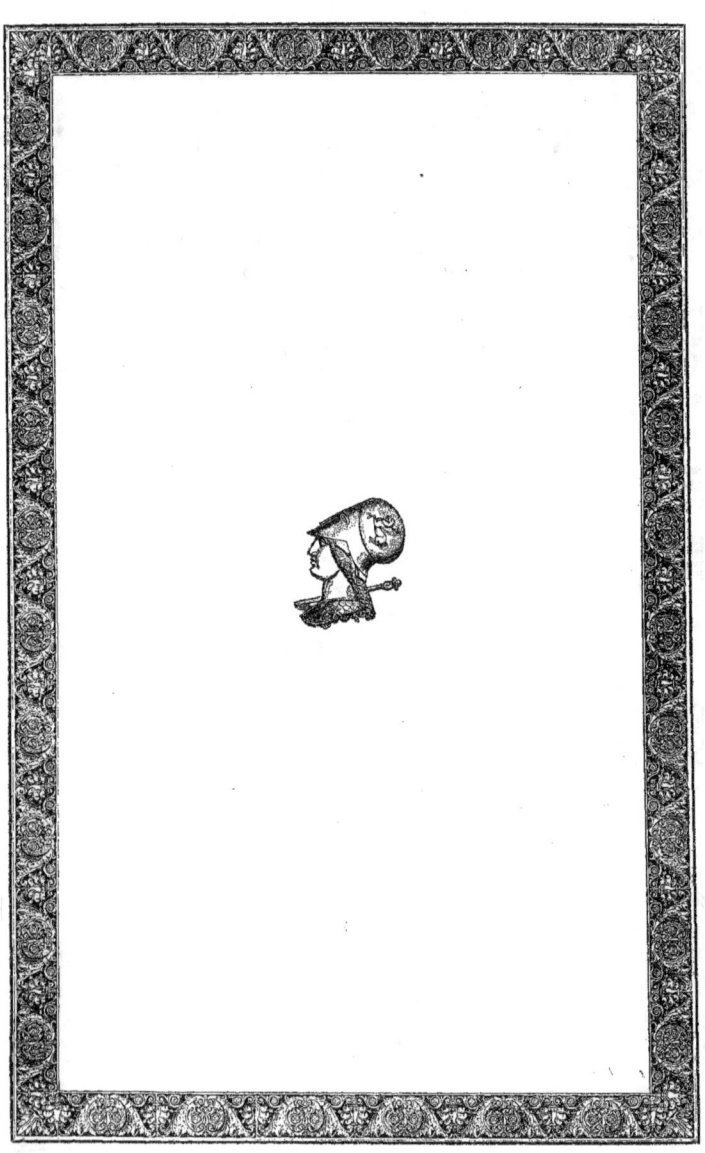

www.ingramcontent.com/pod-product-compliance
Lightning Source LLC
Chambersburg PA
CBHW050040230526
45470CB00003B/1374